ATK-internetin käsikirja herrasmiemhille

Alkusanailut

Tämä on herrasmiemsten käsikirjan toinen osa. mikäli et ole vielä ehtinyt tutustua ensinmäiseen osaan, Perikumiramiksinen herrasmiemhen käsikirja, niin suosittelemme ensin lukemaan sen ennen kuin jatkat tämän kolmannen kirjan parissa.

Tässä neljännessä kirjassamme tutustumme ATK-internetin ihmeelliseen mailmaan, herrasmiemhen toimintamalleihin internetissä ja netin vaaroihin. A.vonS.T. ja J.M.essiah toivottavat lukijat tervetulleeksi ja kiitämme kovasti tuestasi.

Kuten kaikki suurteokset, ei tämäkään opus olisi tullut valmiiksi ilman rakkaiden ystäviemme apua. Suuret kiitokset tästä kuuluvat Mambo H. Ulapalle, Otto Otonpoika Otole, Pnzelle, ja Disco Agalle

Erityiskiitokset myös yhteistyökumppaneillemme Suorolle joka sävelsi ja sovitti kappaleen "Anonyymi herrsmies" promootiona tämän kirjan julkaisuun.
"Tää on vähän niinku kirjallisuuden punkrokkia"
-Kalju basisti

ps. Tämän teoksen luettua voit merkitä esimerkiksi cv seen ATK ajokortin saavutuksiisi ja liittää mukaan lopussa olevan sertificaatin

PPS. Muista käydä katsomassa herrammiesten kiltaklubin omat verkkosivut. https://www.herrasmiehet.com (paina linkkiä niin avautuu). Vierailemalla siellä pysyt ajantasalla mitä herrasmiesten kerhossa tapahtuu.

PPPS. Pian julkaimstaan myös Herrasmiesten lautapeli sekä Herrasmiesten juomapeli. Seuraa julkaisuaikatauluja nettisivuiltamme!

Sisälmysluettelo

1. perusteet 4
1.1. TOR verkko 4
1.2. Tietokoneen käyttö 5
1.3. Tietokoneen huolto 6
2. Internetkäytöstavat 7
2.1. Facebook palstalla 8
2.2. Käytetyn tavaran myynti ja osto 8
2.3. Sähköposti 10
2.4. Deittailu internetin välityksellä 12
1. Viihde 16
3. Video pelit 16
3.1. Herrasmihele soveliaat virtuaali viihdyke sovellukset 16
3.2. Käyttäytyminen video peleissä 18
3.2. Video peli sanastoa 18
Striimauspalvelut 19
4. Uhka pelit netissä 21
5. Kryptovaluutat 24
6. TIETOTURVA 26
6.1 Verkkopankki tunnukset 26
6.2 verkkosivujen keksi 26
6.3. Salasanan valinta 27
6.2. Huijareilta turvautuminen 28
9. Repseptit 30
9.1 Vaihtoehtoisen lääketieteen tohtorin

2

Mambo H Ulapan namskis pastis 31
9.2 Mega hyvä annos(sopii esim
ensitreffeille naaraan hurmaamiseen) 32
   Ainekset: 32
   Kastike (tästä puhutaan pitkään): 33
   Valmistus: 33
   Kokoaminen: 33
10. Internet eväät **36**
   10.1. Enerkia juomatt 36
   10.2. Energia ruokatt 38

1.perusteet

Tässä kappaleessa tutustumme perusasioihin.

1.1. TOR verkko

"Jätit ovat kuin sipulit; kun ne jättää aurinkoon niin ne menevät verkkoon ja tilaavat sieltä itselleen postimyyntilohikäärmeen."

-Aasi

TOR tulee sanoista "The onion router", eli sipulireititin. Sipulireititintä käytetään kun google ei riitä.

1.2. Tietokoneen käyttö

Tietokoneelle annetaan komentoja erilaisilla instrumenteilla. Näistä tutuimmat ovat näppäimistö ja hiiri. Klikkaukset ja näppäinten painallukset luovat mmonimutkaisempia komentoja ja näin tietokone suorittaa pyydettyjä toimintoja.

1.3. Tietokoneen huolto

Kuten kaikki muutkin laitteet, niin myös tietokoneet kuluvat käytössä ja niitä tulee huoltaa ajoittain. Kunnon pesu kerran vuodessa on hyvä suorittaa, ettei pöly tuki herkkiä komponentteja. Muista kuitenkin kytkeä tietokoneesta virrat pois päältä ennen kuin peset sen ettet saa sähköiskua. Pesuaineena voit käyttää tavallista astianpesuainetta.

Tietokone tekee myös itsestään varmuuskopioita tasaisin väliajoin. Varmuuskopiot löytyvät yleensä C-asemalta ja ne on numeroitu niin että tuorein varmuuskopio on 1. Jos C-asemalta löytyy esimerkiksi varmuuskopio System32, niin voit poistaa sen, koska se on jo todella vanha kopio järjestelmästäsi. Vanhojen varmuuskopioiden poistaminen vapauttaa levytilaa ja tietokoneesi toimii nopeammin.

Myös atk internetissä tapahtuvassa eroottisissa materiaalien kanssa tekemisessä liikkuu tauteja samanlailla kun oikeassakin elämässä. Niitä on hyvä käydä aina välillä tarkistamassa, voit esimerkiksi antaa koneen tarkasttettavaksi jollekkin nörtille.

2. Internetkäytöstavat

2.1. Facebook palstalla

Facebook on se ainoa ja oikea sosiaalinen media. Siellä herrasmies voi kertoa vapaasti mielipiteensä maahanmuuttajista ja päivän säästä. Siellä on myös helppo pitää yhteyttä mummoon ja muihin sukulaisiin esimerkiksi tökkäämällä joka päivä ja täten muistuttaa heitä että välität.

2.2. Käytetyn tavaran myynti ja osto

"av, yv"
-Sirpa

Kun kohtaat mielemkiintoisen myynti-ilmoituksen internetissä laita heti myyjälle yksityisviestillä (yv) "av" (alustava varaus) että myyjä tietää ettei voi myydä tavaraa sinun ohi. On hyvä myös kommentoida myynti-ilmoitukseen "yv" mikäli sellainen on mahdollista. Nyt kun tuote on varattu sinulle, niin voit rauhassa tutustua myynti-ilmoitukseen ja mietiskellä haluatko jatkaa kaupantekoa. Sikäli mikäli et haluakkaan tuotetta ja myyjä on varannut tuotteet sinulle, elä turhaan informoi siitä myyjälle... hän kyllä ymmärtää yskän kun ei saa sinulta uutta viestiä.

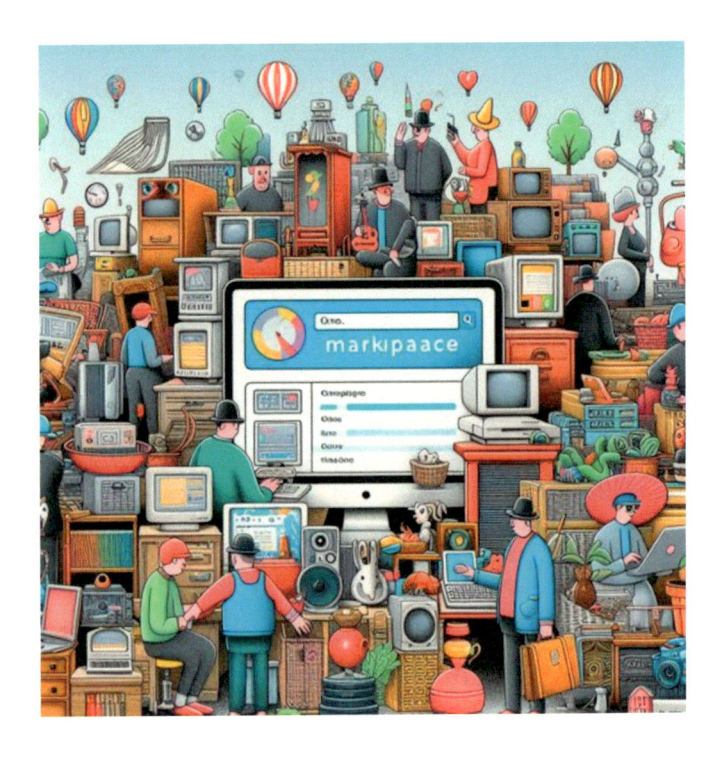

Jos olet ostamassa esimerkiksi sohvaa, muista pyytää heti alkuun mitat ja lisää kuvia, että voit olla varma siitä että ilmoituksessa annetut tiedot pitävät paikkaansa. Näin saat helposti huijarit kiinni jos tiedot eivät täsmääkkään myynti-ilmoitusta.

Kun myyt tavaraa internetissä, kannattaa laittaa tavaran sijainniksi joku toinen kaupunki kuin missä asut ettei kotisi sijainti paljastu huijareille. Tosi ostajat tulevat kyllä hakemaan tavarat vaikke ne olisivatkin naapurikylällä.

2.3. Sähköposti

Usein sähköpostiin tulee viestejä tuntemattomilta lähettäjiltä. Herrasmiehet kuitenkin kohteliaasti vastaavat kaikkiin viesteihin joita heille tulee vaikka lähettäjä olisikin outo. Voit esimerkiksi vastata tuntemattomalle näin "Hello, My name is [oma etu- ja sukunimi]. I got your email, what is this about? If you wish to meet face to face, my address is [oma osoite] or you may call me on my mobile phone [oma puhelinnumero]. Kind regards, [Oma nimi, osoite, puhelinnumero, sähköposti, työpaikka, titteli]". Näin annat itsestäsi hyvän ensivaikutelman ja saatat saada uuden ystävän.

Sähköpstia käytettäessä tulee herramsmiehen käyttää aina allekirjoitusta. Ethän lähetä kirjeitätäkään ilman alekirjoitusta. Täten et anna itsestäsi moukkamaista kuvaa.

Alle kirjoituksessa on olla seuraavat asiat: etu nimi, sukunimi, titteli, puhelinnumero ja oikein virallisissa viesteissä on hyvä laittaa myös oma kuva.

Sähköpostia kirjoittaessa, muista käyttää omaperäistä fonttikokoa. Täten myös erotut joukosta. Esim tässä kirjassa käytetty fontti koko on hyvä.

2.4. Deittailu internetin välityksellä

Toisinaan herrasmiemhet voivat löytää herrasnaisen internetin välityksellä. olet ehkä saanut joskus ilmoituksia "Hot singles in your area". Internet on pullollaan naisväkeä jotka etsivät itselleen sopivaa herrasmiemstä seuraksi. Tässä ohjeita miten hurmaat daamit näyttöpäätteeltä käsin:

Yksi hienostunut tapa tiedustella naaraalta kiinnostusta on lähettää esimerkiksi penis kuvan. Tästä huomaat nopeasti onko nainen kiinnostunut. Internet onkin tästä syystä tehoka väline deittailuun.

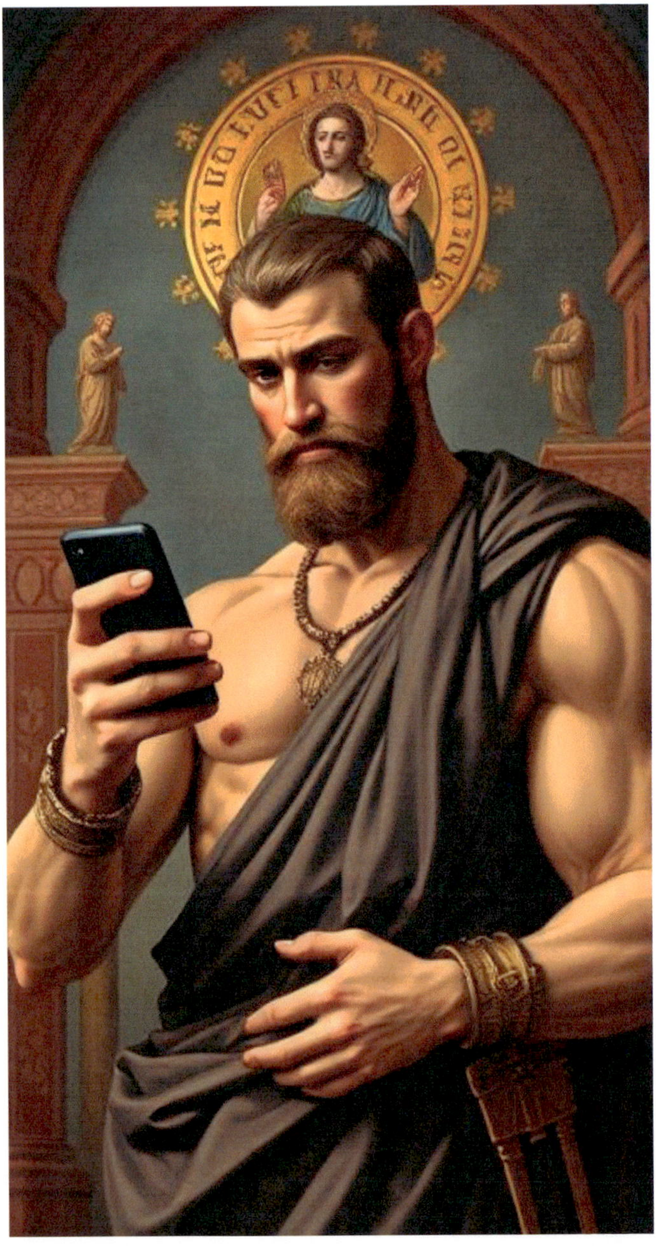

yksi väline internetin välityksellä deittings hommissa on deittailu mobiiliapplikaatiot. Esim Tinder. Tämän avulla tehostat deittailua ja et tuhlaa aikaa kaiken maailman otuksiin ja olioihin, vaan pääset heti kiinni parhaimmistoon. Deitti sovelluksissa ei kannata tuhlata aikaa turhilla lirkuttelu viesteilla daameille. Vaan suorat ehdotukset netflix and tsill, munakuva tai muu vastaava lähetymistapa takaa parhaimmat ja nopeimmat tulokset.

1. Viihde

3. Video pelit

3.1. Herrasmihele soveliaat virtuaali viihdyke sovellukset

Herasmiehem lle ei ole soveliasta pelata mitä tahansa videopeliä. Pelaamalla esimerkiksi jotain henthai tai lasten peliä

16

menetät kasvosi "irlissä"(lue:oikeassa elämämssä) ja myös internetissä saatu kunnioitus katoaa.

Herrasmiehesten keskuudessa arvostettuja ja hyväksi havaittuja pelejä.

CS2, Tämä peli on herrasmiesten aatelistoon kuuluva peli. Tässä mitataan kenen virtuaali penis on suurin. Esimkerkiksi pelissä jos saavuttaa korkean

17

rankin niin se kannattaa jopa mainita töihakemuksessa ja muussa kanssa käymisessä ihmisten kanssa.

Baldurs gate, siinä näkee tissit joten se on hyvä peli.

Tetristä on huono peli koska se on kommunistien kehittämä peli ja alentaa älykkyys osa määrää.

3.2. Käyttäytyminen video peleissä

3.2. Video peli sanastoa
gg: Good geim, eli hyvä peli
L2P: Kunniottavasti kannustat vastustajaa tai kanssa pelaajaa harjoittelemaan lisää kyseistä video peliä.
bg2ez: Käytetään kun olet voittanut pelin. Tulee sanoista "brilliant game to the end zone" eli loistavaa peliä loppuun asti

18

Striimauspalvelut

Herrasmiems subaa (lue "subskraibaa", eli tilaa verkkolaskutussopimuksella yleensä kuukausittaista palvelua) vähintään yhtä musiikkipalvelua (esim. Spotify), elokuvien ja sarjojen suoratoistopalvelua (esim. Netflix) sekä aikuisviihdepalvelua (esim. brazzers, koska herrasmies ei ilmaista erotiikkaa katsele (poislukien omat videot)). Sen sijaan, herrasmiems ei ikinä subaa OnlyFans alustalla tai tue muuten mitään wannabe (lue "wan't to be", eli teeskentelevä tunari) lorttoja internetissä.

Moderni herrasmies ei katsele telkkaria, koska se on täynnä roskaa, kuten putous ja masked singer. Tästä syystä elokuvat ja sarjat katsotaan maksetun palvelun kautta. Herrasmies voi myös käyttää tätä valttikorttina leidien hurmaamisessa kutsumalla nämä luokseen "Netflix 'N Chill" merkeissä (eli katsomaan Netfilxiä, mutta todellisuudessa tarkoitus on rakastella).

Mikäli herrasmiehellä on tiukka taloudellinen tilanne, voi hän lainata toisen herrasmiehem suoratoistopalvelutunnuksia kunnes talousasiat ovat hoidettu kuntoon. Piratismi on köyhille rotille eikä todellinen herrasmies siihen turvaudu, vaikkakin herrasmiemhet eivät tekijänoikeuksia tunnistaisikaan. Tekijäinoikeuksista voit lukea lisää kirjasarjamme ensimmäisestä osasta.

4. Uhka pelit netissä

Herrasmies ei vanhoja muistele. Kun nettikasinolla voittaa, nollaa se kaikki vanhat tappiot eikä niitä tule enää murehtia.

Internet live kasinot ovat se paikka missä herrasmiemhet loistavat. Live pöydät ovatkin hyvä paikka lirkutella ja hioa herramsmies käytös tapoja.

21

Kun valikoit valikoimasta mihin pöytään istut, älä valitse pöytää halutun panoksen mukaan vaan jakajan naamakertoimen(tai muun sinua viehättävän ruumiin osan)mukaan.

Jakajalle on hyvä laittaa chattiin kehuvia lirkuttelu viestejä ja tietenkin mainita hänen ulkonäöstään. Muista herrammies ei käytä emojeja(●), vaan hymiöitä(:)) . :v)

5. Kryptovaluutat

Kryptovaluutat ovat inernetin rahaa. Niillä voi ostaa esimerkiksi huonekaluja habbohotellissa tai masentuneiden apinoiden kuvia. Kryptovaluuttaa hankitaan joko louhimalla tai ostamalla. Louhinta tapahtuu siten että ostat kaivososakkeen ja sitten sinulle maksetaan louhittua valuuttaa osinkona tästä osakkeesta.

Kryptovaluuttojen arvo mitataan meemeissä. Mitä trendaavampi meemi, sitä arvokkaampi valuutta. Tästä syystä onkin suositeltavaa hankkia aina uusimpia valuutoita, vielä kun ne ovat trendikkäitä. Jos sinulla on paljon kryptoja, olet meemimestari ja sinut tunnetaan vitsikkäänä kaverina.

Tarvitsetko apua krypotjen ja muun rahan ja varallisuuden kartuttamiseen? Ei hätää Herramies seuran seuraavassa(tai sitä seuraavassa) kirjassa käsittelemme rahaa ja kuinka sitä tehdää iha hulluna.

6.TIETOTURVA

Tässä osassa kerrotaan hyviä käytäntöjä atk internetiin ja muuhunkin.

6.1 Verkkopankki tunnukset

Verkkopankki tunnuksia tulee käsitellä tieto turvallisesti! Eikä niitä saa missään nimessä unohtaa. Herrasmiesten keskuudessa hyväksi tavaksi on huomattu kirjata tunnukset paperille. Mahdollisesti post it lapulle ja sijoittaa lappu esimerkiksi näyttöön kiinni jolloin se on visusti tallessa.

6.2 verkkosivujen keksi

Nykyään verkkosivuilla kysytään lupa keksien käyttöön. Näissä tapauksissa on parasta painaa sitä nappia josta pääset sivulle mahdollisimman nopeaa, herrasmiehillä ei ole aikaa miettiä tuollaisia turhuuksia. Keksit kuuluu nauttia

26

esimerkiksi lämpimän maidon kanssa eivätkä ne kuulu internettiin.

6.3. Salasanan valinta

Salasanaksi kannattaa valita jotain helppoa, minkä varmasti muistaa. Esimerkiksi oman lemmikin nimi tai kotiosoite. Useat verkkosivut kuitenkin vaativat erikoismerkkejä, isoja ja pieniä kirjaimia, numeroita sekä riittävän määrän merkkejä (yleensä 10 merkkiä) hyväksyttävään salasanaan. Tämän ongelman ratkaisuun meillä on muutamia vinkkejä:
-Aloita salasana isolla kirjaimella
-Vaihda ee-kirjain kolmoseksi, aa-kirjain miukumauku-merkiksi, tee-kirjain seitsemäksi, ii-kirjain ykköiseksi ja niin edelleen. Samankaltaisten symboolien käyttö pitää sanan edelleen helposti muistettavana ja helppolukuisena

27

-jos sana on liian lyhyt, lisää salasanan perään juoksevia numeroita kunnes sinulla on riittävä määrä merkkejä, esim. "123"

Kannattaa käyttää aina samaa salasanaa kaikkialla. Näin sinun ei tarvitse muistaa kuin yksi salasana.

Älä tallenna salasanoja googleen tai muuhun palveluun, ettei Bill Gates varasta sitä.

6.2. Huijareilta turvautuminen

Internetissä ei ole naisia. Kaikki jotka väittävät olevansa vastakkaista sukupuolta ovat oikeasti miehiä, vaan eivät herrasmiehiä.

Tohtori Gerhardin peniksen pidennyspillerit eivät toimi. Samoin testomax

Kun YouTubaaja sanoo että tykkää ja subaa ja tilaa ilmoitukset, on se oikeasti kusetus jolla yritetään saada sinut tykkäämään, subaamaan ja tilaamaan ilmoitukset. Herrasmies kyllä tietää itse mistä tykkää ja mitä haluaa tilata.

Jos sinulle lähetetään roskapostia sähköpostiin, voit vastata huijareille ja muille puoskareille että et halua saada tällaista postia. Näin he tietävät että sinua ei voi huijata ja lopettavat viestittelyn.

"Ethän vastaa tähän sähköpostiin" -fraasi on huijarin yritys pakoilla vastuuta.

9. Repseptit

Edellisen super suositun kirjanme sai erityiskiitosta sen huikeista ja onnistuneista resepteistä. mm. Gordon ramsey ja youtubeen kokkaus videoita tekevä matias martix martikainen(DJ, radio ääni, totuuden puhuja, youtubettaja, kokki, lifestyle) ovat käyttäneet kirjaamme inspiraation lähteeenä heidän omissa kirjoissaan ja kokkailuissaan.

täten päätimme että tähän aiheeseen sopii raottaa tarkoin suojeldun resepti kirjan sisälmyksiä lisää. Saa nauttia!

9.1 Vaihtoehtoisen lääketieteen tohtorin Mambo H Ulapan namskis pastis

Namskis pastis on Mambo h ulapan kehittämä suussa muljuva annos. tähän hän sai inspiraation vieraillessaan Irlannin savanneilla ja mannuilla. Ripaus eurooppalaisuutta, lörähdys irlannin vihreää ja näin syntyi tämä annos. Saa toteuttaa ja nauttia!

9.2 Mega hyvä annos (sopii esim ensitreffeille naaraan hurmaamiseen)

Ainekset:

- 500 g broilerin rintafileetä (huolella valikoituja, koska vain paras kelpaa)
- 2 valkosipulinkynttä (jotta tuoksu jää mieleen)
- 1 punainen chili (lämmittää tunnelmaa)
- 2 rkl soijakastiketta (pientä twistiä ja makua varten)
- 1 rkl seesamiöljyä (antaa smoothia fiilistä)
- 1 limetti (koska raikkaus on avain)
- Riisinuudeleita (näyttää hyvältä ja täyttää tarpeen)

- 1 avokado (pehmeä kuin hurmattu sydän)
- Korianteria (vain koska se jakaa mielipiteitä, ja sinä päätät)
- Suolaa ja pippuria (maun mukaan)

Kastike (tästä puhutaan pitkään):

- 2 rkl maapähkinävoita (sopivasti pähkinäinen)
- 1 rkl soijakastiketta
- 1 rkl riisiviinietikkaa
- 1 tl hunajaa (makeaa kuin hetki)
- 1 valkosipulinkynsi, murskattu (antaa potkua)

Valmistus:

1. **Marinadi ja kanat:** Viipaloi broilerin fileet ohuiksi suikaleiksi. Lisää soijakastike, seesamiöljy, valkosipuli, chili, ja limetin mehu. Anna marinoitua vähintään 30 min – odotus tekee hyvää (kuten myös tässä tilanteessa).
2. **Paista kanat:** Kuumenna pannu ja paista kanat kuumalla lämmöllä. Kun ne ovat kauniin kullanruskeita, laita sivuun ja anna levätä – kuten sinäkin ansaitset hetken rentoutua.
3. **Nuudelit:** Valmista riisinuudelit ohjeen mukaan. Huuhtele kylmällä vedellä ja valuta.
4. **Avokado ja korianteri:** Viipaloi avokado kauniiksi paloiksi ja hienonna korianteri.
5. **Kastike:** Sekoita kastikkeen ainekset yhteen – maapähkinävoi tekee tästä taivaallista. Maista ja säädä makeutta hunajalla, jos tarve.

Kokoaminen:

- Aseta riisinuudelit lautaselle. Lisää päälle paistetut broilerisuikaleet, avokadoviipaleet ja tuoretta korianteria. Valuta päälle taivaallinen kastike ja purista vielä vähän limetin mehua, koska tiedät mitä teet.
- Anna hetken vaikuttaa – niin annoksen kuin oman charmisi.

Tämän jälkeen voit odottaa, että hurmaat kuin kokki konsanaan!

Pöydälle on hyvä asettaa haarukan päälle herrasmiemäiseen tapaan kontoomi(niin kuin käyntikortti asetetaan business illallisilla) että tiedetään mitä varten ruoka on tehty. Vaikkakin herrasmiehet eivät tuollaisia käytä. Jos tulee esim vahinko lapsi espanjaan siitä ei tarvitse välittää

10. Internet eväät

ATk internetissä surfailu on enegiaa vievää ja vaatii paljon keskittymistä. Täten sinun on hyvä ottaa haltuun nämä eväät jotta jaksat tehdä tori ostoksia, pelata video pelejä ja tyhjentää kasinoiden taskut. Namskins ja saa nauttia.

10.1. Enerkia juomatt

"Enerkiaa saat juomista, energia juomista."

-James Bond, (Bodin Aatoksen ja Huldan vanhin poika)

Energia juomat ovat tärkeä voiman lähde herrasmiehelle internetissä.

Hyviä enegia juomia listattuna: Megis eli möfö eli megan fox eli mega force, Iha ok tuote hinta laatu suhteeltaan.

ES, euro shopper. Aika paska tuote. Ei oikein mulju mukavasti herrasmiehen suussa. Paremman puutteessa menee. Aiheuttaa maine haittaa joten tämän tuotteen juominen kannattaa ajoittaa pimeän aikaan tai paikkaan missä kyseistä tekoa ei huomata.

Redbull. Hyvää mutta vitu kallista. Varakkaammille herrasmiehille sopiva vaihtoehto. Myös aika pieni, joten parempi nauttia 4-5 tölkkiä kerralla.

Monster energy. Ylimakeaa, diabeettestä aiheuttavaa litkua(myös sokerittomat), eli iha ok. Makean nälkäisille herrasmiehille sopiva.

Battery, suomalainen rolss royce juoma. Sopii täydellisesti jekkun sekaan. Muutenkin aika hyvä energiaa tihkuva juoma. Huippu jekkubattery reseptin voi löytää esikoisteoksestamme sivulta 34.(ks sivu .34)

Red devil, punainen paholainen, iha paska joku smauli juo sitä.

Myös erikoismainintana limonaati pepsi max, on elämän nektaria.

10.2. Energia ruokatt

Kiireinen netissä kävijä tahi e-sporttaaja ei aina ehdi valmistamaan aterioitaan Perikulinaristisen herrasmiehem käsikirjan mukaan ja näissä tilanteissa onkin sopivaa turvautua eräänlaisiin valmisaterioihin. Hyväksi todettuja valmisaterioita ovat esimerkiksi Saarioisen jauhelihapizza, joka tunnetaan myös nimellä "roiskeläppä". Roiskeläppä nautitaan kylmänä, jotta vältytään micron säteilyltä. jos kuitenkin haluat lämmittää roiskeläppäsi, voit käyttää mikroa siten että asetat haarukan pizzan päälle antenniksi joka ohjaa säteilyn turvalliseen suuntaan.

Sertifikaatti / Certificate

Alla nimetty henkilö on suorittanut ATK-internetin opintojen kirjallisuusosan. Tämä sertifikaatti vahvistaa sen että sertifioitu henkilö on kykenevä tekemään mitä tahansa tietotekniikkaan liittyvää.

Tällä allekirjoituksella vahvistan että olen lukenut ja ymmärtänyt ATK-internetin käsikirjan merrasmiemhille.

---------   -------------------------   -------

Arvonimi   Nimi   pvm

40

Loppusanat

Olet nyt päässy tämä teoksen loppuun. Voit kaataa itsellesi virvoituksellisen juoman. Ja liittää cvseen maininan tästä suorituksesta. Herramsmiems seura kiittää ja onnittelee.

Tämä teos oli herrasmiehen seuralle iso työ. Tähän käytettiin herrasmiestunteja lukematon määrä ja tausta tutkimuksiin on myös kulunut paljon resursseja. Joten jaathan ilosanomaa myös kanssa olijoille.

Eikä siinä vielä kaikki! Tämän teoksen käsiin saatuasi, et saanut käsiin vain yhtä teosta, vaan kaksi. Herramsmies klubimme tunnetaan myös avokätisyydestä(se lyönti) ja täten olemme liittäneet huippumenestyksekkään, huimaavia arvioita saaneen, monen miehen elämäm mullistaneen teoksen tämän kirjan loppuun, HERRAMIEMSTEN KÄSIKIRJA OSA 1:kkösen.

Aikamme filosofin sanoja lainaten:

"Saa nauttia"

41

Alkusanat

Alussa oli vain suo, kuokka ja pöytätavat.

Perikulinariksinem herrasmiehem käsikirja on lähtöjä Oululaisten akateemisten herasmiesten kokoon kasaar suurteos, eepos, joka kerää yhteen suomalais herasmieskulttuurin varjelluimmat salat ja reseptit.

Kirjan ovat luoneet pseudonyymit A. Von S.T. sekä M. Essiah ja teoksen on puhtaaksi kirjoittar herrasmiesten keskuudessa arvostettu, ja arvonim ansainnut kulinaristi, vaihtoehtoisen lääketieteen toht Mambo H. Ulappa

Perikulimarksinen herrasmiesten seura kiittää onnittelee lukijaa edellä mainitun eepoks kokoelmiinsa liittämisestä. Tämä kirja ei ole jättär kylmäksi ketään joka ymmärtää hienostuneid oraalisten nautintojen päälle.

erityis kiitokset inspiraatiosta ja henkisestä tue: s.mauli, otto otonpoika otto, p n z,. k.össi.

Pikemmittä puheitta, tervetuloa herrasmiest kulinaristiseen maailmaam.

ps. Kirjan myynnistä tulevat voitot lahjoitetaan hyvä tekeväisyyteen!!

42

Sisällysluettelo

Alkusanat 1
Sisällysluettelo 2
Luku 1 - Pöytätavat 3
Luku 2 - Etiketti 4
    Etiketti - Baari Etiketti Jae 1 5
3. Kehon kieli 6
Luku 4 - Pukeutuminen ja Ulkonäkö 7
Luku 3 - Alkupalat 9
    KUKKA-SIPSISALATTI SILLI JÄKÄLÄ: 9
    VOILEIPÄ: 11
Luku 5 - Keitot 12
    Hernekeitto: 12
    Tässä on kalja-sipsikeiton resepti: 14
Luku 6 - Pääruokat 16
    Luku 6 jae 1 - Liha 16
    Tässä on resepti, joka sisältää viinaa,
    Johannesta, hernekeittoa ja telinettä: 16
    Luku 6 jae 2 - Vege 18
Luku 7 - Jälki ruokat 19
    Varmasti! Tässä on luova resepti, joka
    yhdistää kasinon teeman johonkin
    makeaan: "Casino Jackpot Cupcakes". 19
    OULULAINEN SUKLAAHERKKU: 21
Luku 8 - Viinit 22
Luku 9 - Juomat 23

Luku 9 - jae 1 - Drinkit 23
   Ydinsukellusvene 23
   Lentokone: 23
Luku 9 - jae 2 - Kukon hännät 24
Luku 9 - jae 4 - Alkoholittomat juomat 25
   Kahvi: 25
   Vesi (kupliva): 25
   Vesi (still): 25
   Maito: 25
   Olut: 25
Luku 10 - Loppusanat 27
Luku 11 - Lukijoiden arvosteluita 28

Luku 1 - Pöytätavat

"Suurin löydökseni ei suinkaan ollut suhteellisuusteoria, vaan hyvät pöytätavat."

-*Albert Einstein*

1. Herrasmies ei odota lupaa/pyyntöä istua pöytään. Herrasmies kyllä tietää milloin on oikea hetki
2. Mikäli pöytäseurueeseen kuuluu myös naisväkeä, on sopivaa tarjota tuolia vain vanhimmalle matriarkalle. Muut seurueen naiset istukoot omin avuin. Tuolin tarjoaminen muille kuin matriarkalle, katsotaan suorana loukkauksena matriarkkaa kohtaan eikä sellaista suvaita herraspiireissä.
3. Perinteisiin pöytätapoihin kuuluu että haarukkaa käytetään vasemmalla kädellä ja veistä oikealla kädellä. Herrasmies kuitenkin tuntee vanhemmat pöytäetiketit ja niiden syntyperät. Onkin paljon suotavampaa käyttää aterimia siinä kädessä joka luontevammalta tuntuu tai aterioinnin voi suorittaa pelkällä veitsellä.
4. Jos keitto ei ole liemi tai pyré, se syödään haarukalla. Jäljelle jäänyttä nestettä ei kuulu syödä.
5. Jos seurueen sen hetkinen puheenaihe ei kiinnosta, niin sen voi sujuvasti kääntää

mieluisaksi reippaasti puhumalla lujempaa päälle kiinnostavammasta aiheesta.
6. Kurota reippaasti pöydän yli haluamaasi ruokaa taika maustetta. Älä missään nimessä näytä alistuvaiselta ja pyydä jotakuta ojentamaan sitä.
7. Kastike ei saa koskea muita ruokia lautasella
8. Ruokailun alussa on soveliasta pitää puhe. Aloittaessasi puheen, nouse seisomaan ja kilisytä viereisen herrasmiehem lasia viedäksesi hänen huomion pois juomasta. Muista esitellä itsesi ja pidä lyhyt puhe. Puheen päätteeksi on soveliasta suuteloida lähimmän naisen kättä. Mikäli seurueeseen ei kuulu naisväkeä, ei puhettakaan tarvitse pitää, sillä miehet kyllä tietävät millä asialla täällä ollaan.
9. Mikäli ruokaa joutuu herrasmiehem partaan, on soveliasta koettaa ensin siivota "sotku" kielellä. Mikäli kieli ei niin pitkälle yletä, niin sitten vasta lautasliinalla. Mikäli lautasliinaa joutuu hyödyntämään, on kohteliasta taitella likainen puoli sisäänpäin ja asettaa lautasliina niin, että se näyttää käyttämättömältä.
10. Kun karkelot alkavat iltaa kohden hiljetä on järkevää poistua paikalta hieman muita ennen, jotta vältytään pahemmalta ruuhkalta. Tuolista ja muista aterimista ei tarvitse murehtia. Hoidelkoot palvelusväki. Siitähän niille maksetaan.
11. Tarpeen tullen tunnelmaa voi keventää röyhtäisemällä. Jos joku toinen röyhtäisee, niin hyvää huumorimieltä voi osoittaa röyhtäisemällä äänekkäämmin. Jos kuitenkin röyhtäisijä on

5

46

nainen, niin se katsotaan hyväksyntänä pienelle fyysiselle kontaktille.
12. Mahan täyttyessä, on suotavaa avata housujen ylin nappi ja/tai löysätä vyötä 1-2 pykälää ennen santsaamista. Näin osoitat seurueelle että ruoka on ollut mieleistä.
13. Puhelimen käyttö ruokapöydässä on ankarasti kielletty herraspiireissä. Mikäli joku seurueen jäsen ottaa puhelimen esiin pöydässä, voi tämän tulkita suoraksi loukkaukseksi jota ei voi jättää huomiotta. Mikäli luurin räplääjä on mies, voit haastaa hänet kaksintaisteluun läpsäisemällä häntä hansikkaalla. Kyseessä on tietenkin vain muodollisuus, koska luuria räpläävä vellihousu ei tietenkään lähde kanssasi kaksintaisteluun vaan poistuu paikalta. Mikäli puhelimen käyttäjä on nainen tahi lapsi, ei heiltä voida olettaa samaa pöytäetiketin tuntemusta ja voi esimerkiksi ottaa puhelimen heiltä käsistä ja viedä ne roskakoriin.

uku 2 - Etiketti

'odellinen herrasmmies kertoo aina todellisen elipiteensä ruuasta"

-*A. Von S.T*

rrasmiehes maistaa kaikkea tarjolla olevaa, oli seessä ruokaa tai juomaa. Koska herrasmiehet ovat ıtiä ja suoraselkäisiä, he kertovat aina todellisen elipiteen nautitusta ravinnosta. Jos ruoka on pahaa

tulee se sylkäistä pois siten että tästä vastuussa oleva henkilö huomaa palautteen.
XDDD

Näitkö kauniin naisen? Muista mainita naiselle jotain hänen ulkonäöstä, naiset pitävät kehuista. Mikäli olet ujo, voi naiselle ilmaista kunnioittavasti myös vislaamalla. Näin vältät verbaalisen ilmaisun luomat paineet.

Herrasmies ei koskaan syö samaa ruokaa kahta kertaa.

Herrasmies ei anna ilmaiseksi

On myös hyvä osata muutama sana ulkomaata ja sen lausahduksia. "puta madre", "Senjoriitta" "one jalouvaina thanks you" "how much" "My hotel yes please". Näillä pärjää jo alkuu ulkomailla esimerkiksi ravintolassa ja toisen sukupuolen(nainen) kanssa keskustelussa jo pitkälle. Jos toinen osapuoli ei tunnu ymmärtävän, toista lause uudelleen kovemmalla äänellä.

Joskus on myös herrasmiehem pakko pieraista. Tämä kiusallinen tilanne voi tulla vastaan seurapiiritilanteessa, jota varten onkin soveliasta harjoitella sopivaa peitetaktiikkaa. Hyväksi todettu tekniikka on yskäistä samalla hetkellä kun pieraisee. Vaihtoehtoisesti voi asettaa kivettömän oliivin salaa peräaukkoon, jolloin kaasut pääsevät oliivin läpi huomaamatta ja ilmoille pääsee miellyttävä etikan sekainen oliivin aromi.

Päästessä tositoimiin toisen sukupuolen(nainen) kanssa, herramies pitää aina huolen omista tarpeistaan ja tyydytyksestä. Maksimaalisen tyydytyksen saavuttamiseksi on varminta ajaa pelkillä vanteilla. Vaikka saat lapsen Espanjaan, siitä ei tarvitse välittää

Herrasmiestein laissa kaikki ovat tasavertaisia, naisille ja lapsille on sitten omat lait.

Hammasvälien kaivelu ruokailun jälkeen on soveliasta ainoastaan asiaan kuuluvalla välineistöllä. Hyvän etiketin mukaan, harukkaa ei sovi tähän tehtävään käyttää. Hammasvälejä voi kuitenkin siistiä veitsellä tahi hammastikulla. Hammastikun tulee tuossa tapauksessa olla joko hopeinen tai hopeoitu, koska herrasmies ei ole mikään puuta järsivä majava. Kun olet saanut hammasvälisi puhtaaksi, voit kutsua hovimestarin tai tarjoilijan putsaamaan hammastikkusi napsauttamalla sormiasi tai vislaamalla. Puhtaan tikun voit laittaa takaisin käyntikorttikoteloosi, mutta on myös kohteliasta tarjota tikkua lainaksi lähimmälle daamille.

Kun herrasmies kättelee, niin se ei ole mikään löysä sämpylämiehen puristus, vaan herrasmies puristaa aina täysiä.
Nauraessa on hyvä pitää mielessä vanha kansan viisaus: Kuka kovinten nauraa se parhaiten nauraa. Jos vierustoverisi nauraa kovaa, naura kovempaa. Vitsejä ei tarvitse ymmärtää nauraakseen ja jos et tiedä pitääkö tilanteessa nauraa, niin pelaa varman päälle ja naura kovaan ääneen.

8

Jos small talk on sinulle hieman haastavaa, niin onkin hyvä harjoitella etukäteen muutamia mielenkiintoisia aiheita, joita voit sitten nostaa esiin keskustelussa. Hyviä aiheita ovat muun muassa matematiikka, ja voitkin harjoitella mahdollisimman monta Piin numeroa ulkoa ja lausua ne ääneen. Kannattaa myös harjoitella muutama vitsi valmiiksi keventämään tunnelmaa. Tässä esimerkki jota voit käyttää joka tilanteessa: Mitä sanotaan naiselle jolla on kaksi mustaa silmää? -Ei mitään, sille on sanottu jo kahdesti.

Herrasmieh ei koskaan käytä toisten tuottamaa materiaaleja, exampli grati valokuvia, lupaa kysymättä. Kun lupa on kysytty, ovat tekijäim oikeudet sen jälkeen vain muodollisuus eikä vastauksella ole todellista merkitystä. Tämänkin teoksen jakaminen on varsin soveliasta herraspiireissä siitä sen kummemmin rojalteja maksamatta.

Etiketti - Baari Etiketti Jae 1

Baari(ravinteli) käyttäytyminen on hyvin ja erittäin tärkeä osa herasmiehem käytöstapoja. Sillä baarit ovat nykymaailmassa paras saalistus ympäristö vastakkaista(nainen)sukupuolta kohtaan. Tämän jaeen ohjeilla ja tempuilla saanti on taattua. Neuvot ovat ammattilaisten kehittämiä ja käytännössä toimiviksi

50

Jonottaminen

-Herrasmies ei jonota, vaan hän vippaa portsarille vitosen ja kävelee sisään rahvaan edeltä.
-Jos jostain syystä joutuu jonottamaan, on hyvä töniä edellä olevia ja huudella taakseppäin, näin jono kulkee nopeampaa. Päästessäsi sisään muista antaa heti palaute portsarille.

Tiski
-Älä kurota tiskin yli jos meteli on kovaa, vaan anna baarimikon kumartua kuullakseen tilauksesi.
-Vastakkaiselle sukupuolelle on hyvä tarjota tiskillä drinkki. Jos kuitenkin käy niin että seuralaisesi ei suostu illan päätteeksi lähtemään mukaasi, pyydä häneltä korvaus tarjoamistasi juomista.

Tanssilaittia
-Ota tanssilattia haltuun. Tanssi liikkeet on hyvä pitää leveänä ja näin osoittaa dominannsiasi naaraita ja muita kilpailijoita kohtaa.
-Tanssi liikkeitä voi olla myös hyvä harjoitella etukäteen. Oiva opetus video on eikan tanssi maailma videot youtubessa linkki tässä https://youtube.com/playlist?list=PL851E3FA855FD5264

Poistuminen
-Yksi onnituneen illan merkki lopussa voi olla myös se että sinulla on saatto kulkue joka saattaa sinut ulos

ravintelista

3. Kehon kieli

"Liike lähtee lanteesta"
-Jorma Uotila

Herrasmies tuntee ja hallitsee kehonsa. Täten herrasmies on myös luonnollisesti kehonkielen ammattilainen. Seuraavaksi hyviä ohjeita oikeaoppiseen kehonkieleen, jolla saat myös sanomattomat viestisi perille:

1. Silmän iskeminen on yleisesti tunnettu ele, joka voi viitata joko hienostuneeseen flirttiin tai siihen että molemmat osapuolet tuntevat keskustelussa sanomatta jääneet asiat. Herrasmies voi iskeä silmää myös lapsille leikkimielisenä eleenä.
2. Herrasmiehelle on suositeltavaa "hyssyttää" jalkaa istuessa, eli päkiän varassa jalan edestakaista vatkaamista. Tällä tavoin pohkeet ja reisilihakset pysyvät koko ajan vireinä ja lämpiminä, eikä synny ikäviä kramppeja kun nousee penkiltä.
3.

Tästä aiheesta lisää toisessa kirjassamme: Töielämämkäsikirja herrsmiemhille teoksessa

Luku 4 - Pukeutuminen ja Ulkonäkö

"Sotkunaaminen rasvatukkainen läski, on sotkutnaamainen rasvantukkainen läski"

-*Tommi Korpela*

Todellinen herrasmies ei kiinnittää huomiota omaan ulkonäköön, sen pitää tulla luonnostaan. Kaikki eivät kuitenkaan ole syntyjään herrasmiehiä, ja herrasmiehyyteen voi myös kasvaa ja oppia. Tässä luvussa

Hyväksyttävät parfyymit:
1. Kölnin vesi
2. Axe bodyspray(Africa tai Apollo)

Ruotsalaisten ja suomenruotsalaisten keskuudessa on yleistynyt junttimaisia tapoja käyttää farkkukankaisia housuja sekä pikkutakkia asusteena. Herrasmiehelle tällainen pukeutuminen ei ole sopivaa. Kasuaalissa tapahtumassa ei kuitenkaan tarvitse käyttää suoria housuja, mutta, alunperin työhousuina tunnetut farkut, eivät ole soveliaat pikkutakin kera. Sen siaan tulee käyttää vapaa-ajan housuja, esimerkiksi verryttelyhousuja tai college-housuja.

12

54

Fiinissä tilaisuudessa ei koskaan riisuta kenkiä.

Kello riisutaan ruokaillessa, koska herrasmiehelle ei ole sopivaa katsoa kelloa seurustellessa. Kello tulee asettaa servetin päälle. Käyntikortin viereen.

Juhlissa on hyvä hotkia ruoka nopeaa, jos sattuu olemaan santsikierros, niin silloin pääsee valitsemaan parhaat ja mehukkaimmat appeet.

Luku 3 - Alkupalat

"Kaikki syö"
-J.M. Essiah

Ruokailu lähtee aina alkuun päätöksestä syödä, kun päätös tehdää on se hyvä tapaista ilmoittaa kanssa herrasmiehille joko verbaalisesti tai muulla eleellä.

Ruokailun tuleekin aina koostua kolmesta osasta, joista ensimmäinen on alkupalat.

KUKKA-SIPSISALATTI SILLI JÄKÄLÄ:

Tässä on alkupalaresepti, joka sisältää kukkaa, sipsiä, silliä ja jäkälää:

Kukka-sipsisalaatti sillin ja jäkälän kera

Ainekset:

Tuoreita kukkia, esimerkiksi syötäviä orvokin terälehtiä tai ruusun terälehtiä
Perunalastuja tai muita sipsejä
Silliä, esimerkiksi maustettua tai perinteistä silliä
Tuoretta jäkälää (varmista, että jäkälä on syötävää lajia ja kerätty puhtaasta ympäristöstä)
Kastike:

15

2 rkl oliiviöljyä
1 rkl sitruunamehua
Ripaus suolaa
Ripaus mustapippuria
Valmistusohjeet:

Pese ja valmistele kukat, jotta ne ovat valmiita käytettäviksi. Voit käyttää pieniä kukkia sellaisenaan tai repiä terälehdet suuremmista kukista.

Valmista kastike sekoittamalla oliiviöljy, sitruunamehu, suola ja mustapippuri pienessä kulhossa. Sekoita hyvin, jotta maut tasoittuvat.

Leikkaa silli pieniksi paloiksi tai halutessasi voit jättää kokonaisiksi. Jos silli on marinoitu liemessä, valuta ylimääräinen liemi pois.

Huuhtele tuore jäkälä varovasti ja kuivaa se kevyesti talouspaperilla.

Asettele lautasille kukkia, sipsejä, silmujäkälää ja sillisuikaleita kauniisti.

Pirskottele valmistettua kastiketta alkupalan päälle juuri ennen tarjoilua.

Tämä alkupala yhdistää mielenkiintoisesti erilaisia makuja ja koostumuksia. Kukat tuovat kauniin ulkonäön ja raikkaan maun, sipsit tuovat rapsakkuutta, silli antaa suolaisuutta ja jäkälä tuo metsäistä aromia. Voit myös koristella annokset yrteillä tai muilla vihreillä kasviksilla. Bon appétit!

VOILEIPÄ:

Voileipä on alupalojen klassikko. Voileivän voi tehdä minkä tahansa ruokan alkupalaksi tahi ruokan kera nautittavaksi.

Ainekset:
Leipää
Voita

1. Poista leipä pakkauksesta
2. Aseta leipä tasaiselle tukevalle alustalle
3. Tarvittaessa leikkaa leivästä siivu tarkoitukseen sopivalla leipäveitsellä. Jos leipäsi on valmiiksi siivutettu, voit siirtyä vaiheeseen 4
4. Poista voi tai margariini paketin kansi tai kääre
5. Ota voita/margariinia tarkoitukseen sopivalla voiveitsellä paketista
6. Sivele voi/margariini leipäsiivun päälle tasaisella yhtäjaksoisella liikkeellä
7. Toista vaiheet 5 ja 6 tarvittaessa
8. Nauttia!

Luku 5 - Keitot

"Keiton merkitystä suomalaisessa kulttuurissa ei voida ylenkatsoa raviradalla"
-S. Mauli

Hernekeitto:

Ainekset:
1 purkki jalostajan hernekeittoa
½ purkkia vettä
sinappia
sipulia
viina
teline
johannes

Ohje: valmista hernekeitto pakkauksen ohjeen mukaan.

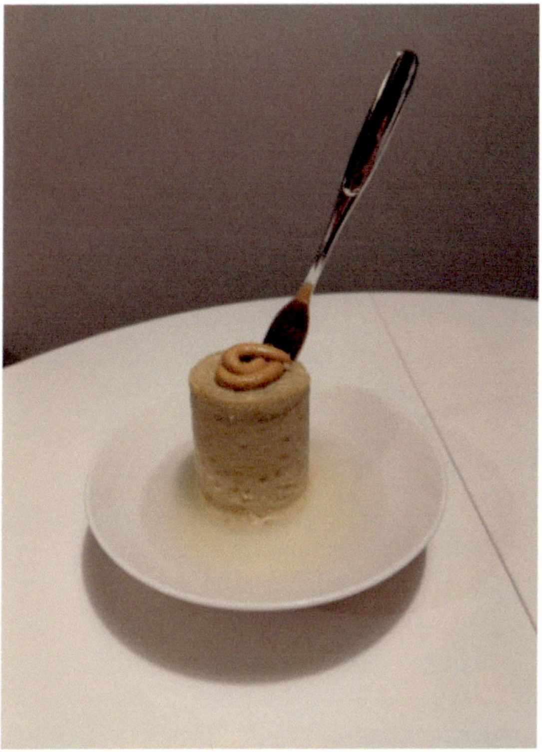

Tässä on kalja-sipsikeiton res

Ainekset:

1 sipuli, hienonnettuna
2 valkosipulinkynttä, murskattuna
2 rkl voita tai oliiviöljyä
4 perunaa, kuorittuna ja kuutioituna
2 porkkanaa, kuorittuna ja viipaloitun
4 dl kanalientä tai kasvislientä
1 tl kuivattua timjamia
1 tl kuivattua rosmariinia
330 ml kaljaa (esimerkiksi vaaleaa olu
200 ml kermaa
Suolaa ja mustapippuria maun mukaa
Sipsit (esimerkiksi perunalastuja tai r
koristeeksi
Tuoretta persiljaa tai ruohosipul
koristeeksi

Valmistusohjeet:

Kuumenna voi tai oliiviöljy
keskilämmöllä. Lisää hienonnettu s
valkosipulinkynnet. Kuullota niitä n
ajan, kunnes ne pehmenevät ja saavat

Lisää kuoritut ja kuutioiksi leikatut pe
porkkanat kattilaan. Sekoittele he
kasvikset saavat hieman paistopintaa.

63

ı joukkoon kanaliemi tai kasvisliemi sekä kuivatut
ni ja rosmariini. Mausta suolalla ja mustapippurilla
maun mukaan.

keiton kiehua miedolla lämmöllä noin 15-20
ıttia tai kunnes perunat ja porkkanat ovat kypsiä ja
:itä.

kalja keittoon ja anna sen kiehua vielä muutaman
ıtin ajan, jotta alkoholi haihtuu ja maut sekoittuvat.

ınä lämpöä ja lisää kerma. Kuumenna keitto lähes
vaksi, mutta älä enää anna sen kiehua
ıkkaasti.

:ta maku ja lisää tarvittaessa suolaa ja pippuria.

stele keitto lautasille ja koristele sipsillä sekä
ınetulla persiljalla tai ruohosipulilla.

herkullisesta kalja-sipsikeitosta esimerkiksi
:n leivän kanssa. Keitto on täyteläinen ja maultaan
ıkiintoinen vaihtoehto perinteisille keitoille, ja se
nainiosti erityisesti oluen ystäville. Bon appétit!

Luku 6 - Pääruokat

Luku 6 jae 1 - Liha

Resepti 1

Tässä on resepti, joka sisältää viinaa, Johannesta, hernekeittoa ja telinettä:

humalainen Johannes lammasteline hernekeiton kanssa

Ainesosat:

2 telinettä lammasta
2 rkl oliiviöljyä
Suolaa ja pippuria
1/4 kuppia Johannes (tai mitä tahansa muuta punaviiniä)
1/4 kuppia naudanlihalientä
2 valkosipulinkynttä, jauhettu
1 tl kuivattua rosmariinia
1 tl kuivattua timjamia
1 tl savustettua paprikaa
1/4 tl cayennepippuria
2 kuppia pakasteherneitä
4 kuppia kanalientä

1/2 kuppia raskasta kermaa
2 rkl voita
Koristeeksi hienonnettua tuoretta persiljaa
Ohjeet:

Kuumenna uuni 200 °C:seen (400 °F).

Mausta lampaanliharitilä suolalla ja pippurilla.

Kuumenna oliiviöljy isossa pannussa keskilämmöllä. Paista lammasritilöitä ruskeiksi joka puolelta, noin 3-4 minuuttia per puoli.

Siirrä lammas uunivuokaan ja paista uunissa 15-20 minuuttia tai kunnes sisälämpötila saavuttaa 135 °F (57 °C) keskiharvinaisissa tapauksissa.

Lisää samaan paistinpannuun, jolla lampaan paistaa, lisää Johannes, naudanlihaliemi, valkosipuli, rosmariini, timjami, savustettu paprika ja cayennepippuri. Kuumenna kiehuvaksi ja anna kiehua 5 minuuttia, jotta kastike vähenee.

Kuumenna kanaliemi erillisessä kattilassa kiehuvaksi. Lisää pakastetut herneet ja anna kiehua 5 minuuttia.

Soseuta hernekeitto sauvasekoittimella tai tavallisella tehosekoitttimella tasaiseksi. Sekoita joukkoon raskas kerma ja voi.

Tarjoilua varten viipaloi lampaanliharitilä paloiksi ja lorauta päälle punaviinikastiketta. Tarjoa hernekeitto puolelle ja koristele hienonnetulla persiljalla.

Nauti humalaisen Johannes-lammastasi hernekeiton kera!

Luku 6 jae 2 - Vege

"Maailmassa on kahdenlaisia ihmisiä; sellaisia jotka tykkää tomaateista ja sellaisia jotka tykkää lutkuttaa persettä."

-Pnze

"No hyi jotain tomaatteja"

-J.P.

Aasivaara

Katso luku 5 kasvisruuille. Krantuimmille syömäreille voit valmistaa myös liharuat niin että korvaat lihan suolatulla munakoisolla.

Luku 7 - Jälki ruokat

Varmasti! Tässä on luova resepti, joka yhdistää kasinon teeman johonkin makeaan: "Casino Jackpot Cupcakes".

Ainesosat:
Kuppikakkuja varten:

1 ½ kuppia yleisjauhoja
1½ tl leivinjauhetta
½ tl ruokasoodaa
¼ tl suolaa
1 kuppi kidesokeria
½ kuppi (1 tikku) suolatonta voita, pehmennetty
2 isoa munaa
1 tl vaniljauutetta
¾ kuppia kirnupiimää
1 casino-arpa
Kasino-aiheiset koristeet:

Syötävät pelikortit (saatavana erikoisleipomoliikkeistä tai verkosta)
Syötävä kultalehti tai syötävä kultapöly
Suklaapokerimerkit (voi tehdä suklaamuotilla tai ostaa verkosta)
Punainen, musta ja valkoinen fondantti

30

Syötävä liima tai vesi koristeiden kiinnittämiseen
Makeaksi yllätykseksi:

69

Erilaisia kasinoteemoja, kuten suklaakolikoita, kumimaisia hedelmiä tai lakritsitikkuja
Ohjeet:

Kuumenna uuni 175 °C:seen ja vuoraa muffinivuoka kuppikakkuvuorilla.

Vatkaa keskikokoisessa kulhossa keskenään jauhot, leivinjauhe, ruokasooda ja suola. Aseta sivuun.

Vatkaa suuressa kulhossa pehmeä voi ja sokeri vaaleaksi ja kuohkeaksi vaahdoksi.

Lisää munat yksitellen hyvin vatkaten jokaisen lisäyksen jälkeen. Sekoita joukkoon vaniljauute.

Lisää kuivat aineet vähitellen märkien ainesten joukkoon kolmessa erässä vuorotellen piimän kanssa. Aloita ja lopeta kuivilla aineilla ja sekoita jokaisen lisäyksen jälkeen, kunnes seos on sekoittunut.

Jaa taikina tasaisesti kuppikakkuvuorien kesken ja täytä jokainen noin kaksi kolmasosaa.

Paista kuppikakkuja esilämmitetyssä uunissa 18-20 minuuttia tai kunnes keskelle työnnetty hammastikku tulee puhtaana ulos.
raaputa arpa

31

Anna kuppikakkujen jäähtyä kokonaan ritilällä.

Sisustus:

Kauli punainen, musta ja valkoinen fondantti puhtaalle, kevyesti pölytetylle pinnalle. Leikkaa kasinoaiheisia muotoja, kuten noppia, pelikortteja ja pokerimerkkejä, käyttämällä keksileikkureita tai veistä.

Levitä varovasti syötävää kultalehteä tai pölyä fondantin koristeiden reunoihin lisätäksesi ripauksen eleganssia ja glamouria.

Kiinnitä fondanttikoristeet jäähtyneiden kuppikakkujen yläosaan syötävällä liimalla tai vedellä. Järjestä syötävät pelikortit, pokerimerkit ja muut fondant-koristeet kasinotyyliseen järjestykseen.

Lopuksi voit lisätä jokaiseen kuppikakkuun makean yllätyksen painamalla kevyesti erilaisia kasinoteemoja kuppikakkujen keskelle. Voit käyttää suklaakolikoita "jackpot"-keskuksina tai lisätä kumimaisia hedelmiä tai lakritsipuikkoja muistuttamaan kasinomerkkejä.

Casino Jackpot Cupcakesi ovat nyt valmiita tarjottavaksi! Nämä ihastuttavat herkut tuovat kasinon jännitystä mihin tahansa kokoontumiseen tai teemajuhliin. Nauti makeuden ja hauskuuden sekoituksesta nauttiessasi näistä herkullisista kuppikakkuista, joiden sisällä on yllätys!

71

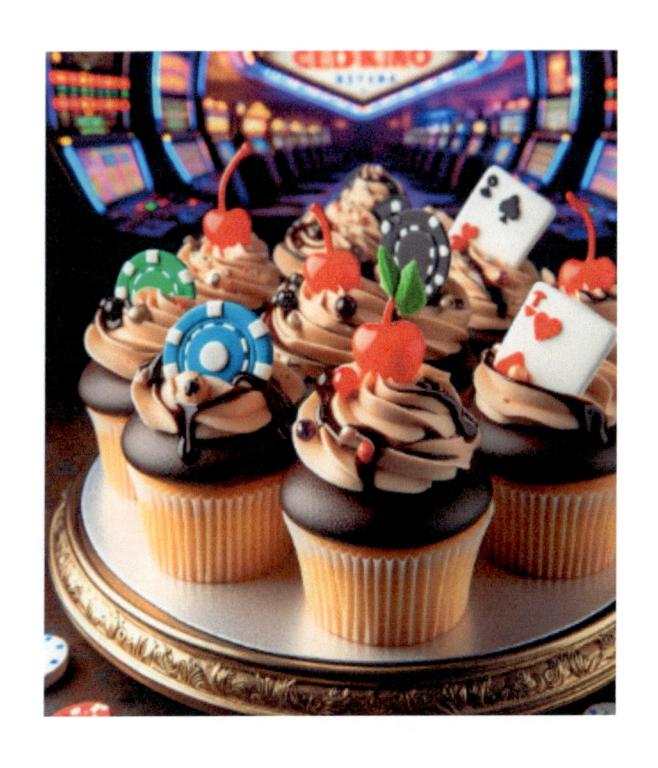

72

OULULAINEN SUKLAAHERKKU:

Oululainen suklaaherkku on nimensä mukaan Oulusta lähtöisin oleva suussa sulava naminami kutikuti ihana herkku. Tämä eksoottinen jälkiruoka on monelle konseptina outo ja vaatii hieman rohkeutta kokeilemaan, mutta tähän mennessä kaikki ovat rakastuneet tähän makujen kombinaatioon ensipuraisulla. Jätä siis ennakkoluulot kynnysmatolle ja kokeile tätä reseptiä seuraavalla herrasiltamallasi.

Ainesosat:
Valkosuklaa
Sinappi

Valmistus:
Pätki valkosuklaa rustiikkisiin paloihin lautaselle. Lisää palojen päälle tujaus sinappia pursotinpussilla, jotta saat kauniin lopputuloksen. Voit käyttää lempisinappiasi, mutta hyväksi todettu kombinaatio on vihreä turun sinappi. Suklaa asetetaan suuhun sinappipuoli alaspäin, jolloin maku muuttuu suussa hiljalleen etikkaisesta pikantista sinapin mausta rasvaisen makeaan valkosuklaan makuun, luoden makujen sinfonian jolle ei ole vertaa. Erinomainen jälkiruoka tapahtumaan kuin tapahtumaan tai vaikka piknikeväs kesäiseen festaripäivään!

73

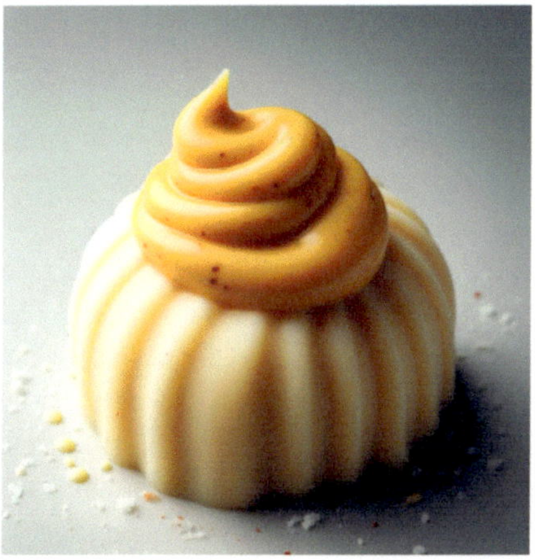

Luku 8 - Viinit

Ihmiset ovat kuin viinejä. Toiset paranevat vanhetessaan ja toisista tulee entistä happamampia ja kitkerämpiä.

Kun herrasmies valitsee viininsä, hän ei pelkää valita alahyllyn viinejä, sillä juuri noiden nektarien joukosta löytyy eräät parhaimmat kotimaiset mestariteokset. Yksi herrasmiesten suosiossa olevista yleisviineeistä, joka sopii yhteen sekä lihan, että kalan kanssa, on kulinaristien arvostama, Huttunen. Huttunen on parhaimmillaan tarjoiltuna huoneen lämpöisenä ja vähintään kaksi vuorokautta hengittäneenä.

Riistan ja punaisen lihan kera, voi asiaan perehtynyt herrasmies valita seuraksi hienostuneempaan makuun sopivan Gambinan tai Valdemarin. Gambinan voi tarjoilla sekä kylmänä, että kuumana. Valdemari taas tarjoillaan aina kädenlämpöisenä.

Mikäli yllä mainittuja viinejä ei korkean kysynnän vuoksi ole saatavilla, voi herrasmies turvautua valinnassaan esimerkiksi seuraavan laatuluokan viiniin, ranskalaiseen, Château d'Yquemiin. Château tarjoillaan sauternesilaiseen tapaan tuopista kylmänä.

Herraspiireissä kaato on aina 36 cl, poislukien Château, jonka kaato on yksi pintti.

36

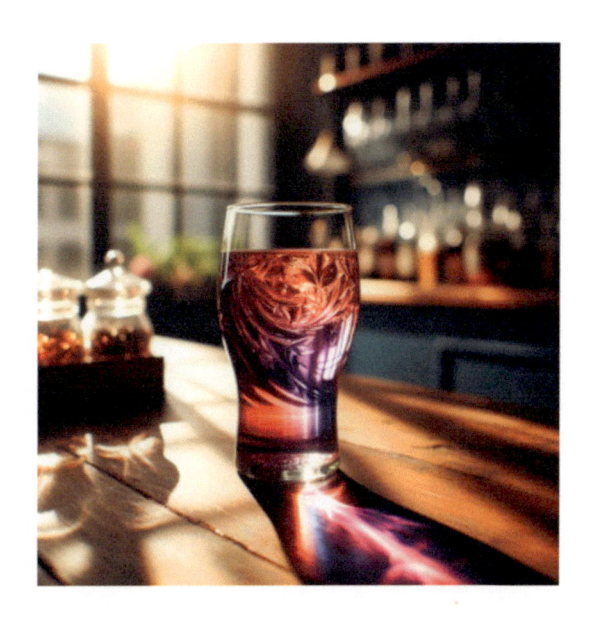

"Hienon viinin tuntee kierrekorkista."
- A. Von S.T.

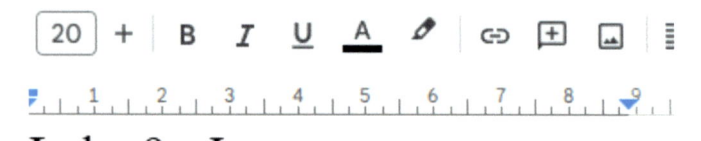

Luku 9 - Juomat

Luku 9 - jae 1 - Drinkit

Ydinsukellusvene
- 2 dl vodkaa
- oliivi

Lentokone:
- 3 kpl battery energy drink
- 3 kpl Jägermeister 4cl shottia

Ohje sekoita ainesosat keskenääm ja lähde lentoon.

Seurapiiritilaisuudessa on miehille soveliasta nauttia korkeintaan 12 drinkkiä ja naisille 11.

Luku 9 - jae 2 - Kukon hännät

Drinkkien lisäksi, voi herrasmies nauttia muutaman kukon hännän. Sovelias määrä on noin 6 kukon häntää miehille ja naisille edellä mainitun drinkkirajoitteen päälle.

Luku 9 - jae 4 - Alkoholittomat juomat

Kahvi:

- 1.5 dl Espressoa
- 4 cl XO konjakkia
- 8 cl maitoa (vapaaehtoinen)

Vesi (kupliva):

- 2 dl soodavettä
- 2 tl sitruunamehua
- kurkkuviipale
- 4 cl gin

Vesi (still):

- 2 dl vettä
- 4 jääpalaa
- 2 cl vermuttia

Maito:

- 2 dl maitoa
- voinokare
- rosmariinin varsi
- 4 cl sitruunalikööriä

Olut:
- pintti olutta
- reilusti jäitä

On huomioitava että herraspiireissä alle 10% alkoholipitoisuuden omaavat juomat lasketaan alkoholittomiksi juomiksi. Niiden nauttimista ei rajoiteta yleisissä käytösmalleissa. Mitä tulee autolla ajamiseen seurapiiri-illan jälkeen, se on herrasmiehen oman harkinnan varassa. Herrasmies tietää kyllä itse onko hän ajokuntoinen vai ei.

Luku 10 - Loppusanat

"Tiedän, että harvan saa kääntymään puoleensa kirjoitetun sanan saattamana verrattuna puhuttuun sanaan, ja että kaikki suuret liikkeet tässä maailmassa ovat suurien puhujien ansiota, eivät suurien kirjailijoiden"

-A.H.

GG thx izi

Nyt kun olet päässyt kirjamme loppuun. Tunnet herrasmieheymen tavat ja salat. Käytä näitä opittuja tapoja nyt arkipäivän elämämssä ja nais rintamalla ei ole hiljaista ja saat toiseten herrasmiemsten kunnioituskensaanti..

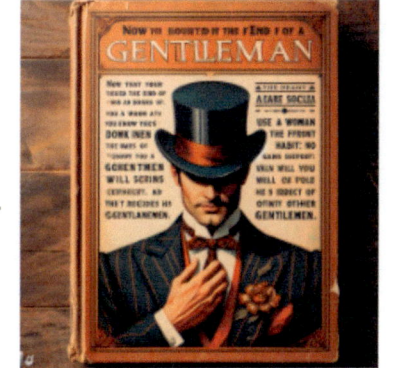

kiittäen a.von s.t.
& j.m.essiah

43

Luku 11 - Lukijoiden arvosteluita

"hyvä kirja"
-Pentti

Herasmiemem kirja on myös mainittu huippu suositusa radiosa nimeltä Radio dance, jota juontaa DJ matias martix martikainen tai mr.F ocus.Ma
https://fin-radio.wixsite.com/radio-dance

Luku 12 - Muistiimpanot

47

49

50

51

54

55

57

58

59

61

62

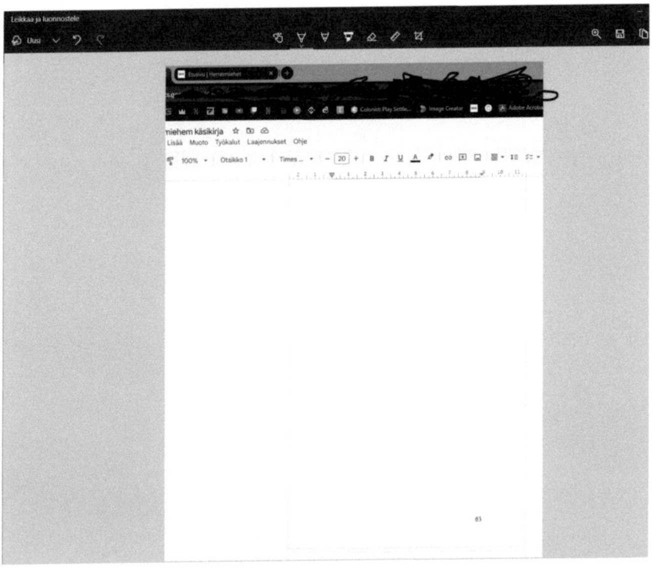
Leikkaa ja luonnostele
Uusi
Etusivu | Herrasmiehet
Colonist: Play Settle...
Image Creator
Adobe Acroba
miehem käsikirja
Lisää Muoto Työkalut Laajennukset Ohje
100%
Otsikko 1
Times ...
20
63

64

66

67

68

69

70

71

72

73

74